edds

AF235412

Egbert Dörfler

Das poetische Werk

Band 2

Egbert Dörfler

MÖNCHE,

HIPPIES

UND

POETEN

und andere Gedichte aus den frühen
80er Jahren

edition darsan

Bibliografische Information der Deutschen Nationalbibliothek:
Die Deutsche Nationalbibliothek verzeichnet diese Publikation in der Deutschen
Nationalbibliografie; detaillierte bibliografische Daten sind im Internet über
dnb.dnb.de abrufbar.

Originalausgabe München 2010
Für die vorliegende, überarbeitete und erweiterte Ausgabe
© Egbert Dörfler 2021
© edition darsan 2021

Umschlaggestaltung: Christian A. Klempert

Herstellung und Verlag: BoD – Books on Demand, Norderstedt

Printed in Germany

ISBN 9783754312582

Für

Christine Jurgons

$(1948-2017)$

und

Elmar Arnold

Vorwort

Der zweite Band der poetischen Werke des Autors versammelt Gedichte aus der ersten Hälfte der 80er Jahre. In den Texten spiegelt sich das durch die Angst vor einem Atomkrieg geprägte Lebensgefühl vieler Westdeutscher in jener Zeit. Andererseits wird man in ihnen aber auch etliches finden, was ganz und gar nicht dem damaligen Zeitgeist und Geschmack entsprach und heute vermutlich noch mehr irritieren wird, als es den Leser seinerzeit und die Leserin ihrerzeit verwundert hat.

Fast 40 Jahre nach ihrer Entstehung, nach erfolgter Abrüstung und der friedlichen Revolution in Osteuropa scheinen die Gedichte nicht mehr aktuell zu sein. Mitteleuropa, das damals in Gefahr war, zum nuklearen Schlachtfeld zu werden, erfreut sich inzwischen der längsten Friedensphase seiner Geschichte. Die Qualität eines literarischen Textes hängt allerdings nicht im Geringsten von seiner Aktualität ab. Ereignisse der Zeitgeschichte zu dokumentieren und kommentieren, ist Aufgabe von Journalisten, Politik-wissenschaftlern, Historikern und anderen Berufsgruppen. Dichter hingegen schaffen immer eine Welt *sui generis*, eine fiktionale Wirklichkeit, die nicht einfach die empirische Realität abbildet, sondern ebendiese, falls sie überhaupt der Ausgangspunkt für das Schreiben ist, auf unterschiedliche Weise gestaltet, und deutet, mit anderen, zum Beispiel metaphysischen Wirklichkeiten verbindet und vielleicht sogar eine wie auch immer geartete utopische oder dystopische Gegenwirklichkeit schafft. So eröffnet bereits das erste der hier konservierten Gedichte, ein kurzes, gerade einmal einen Titel und sechs Verse umfassendes Epigramm, in wenigen Worten persönliche, dichtungspro-grammatische, gesellschaftliche und religiöse Horizonte, noch bevor die Kriegsthematik überhaupt zur Sprache kommt.

Was aber die außerliterarische Wirklichkeit betrifft, so ist die Gefahr eines Krieges nirgendwo endgültig gebannt und wird es vermutlich bis zur Apokalypse nicht sein. Im Gegenteil, der großen Enthüllung gehen laut zuverlässiger Vorhersage globale Erschütterungen voraus, für die man, ohne selbst ein Prophet zu sein, in der zeitgenössischen Realität deutliche Anzeichen erkennen kann. Man denke etwa an die mithilfe geradezu diabolischer Technik geführten Kriege unserer Tage in verschiedenen Regionen der Welt, an den satanischen Terrorismus, bei dem Menschen aus Hass sogar ihr eigenes Leben vernichten, um möglichst viele Wehrlose in den Tod zu reißen, an die, ungeachtet der absehbaren verheerenden Folgen, durch Profitgier und egoistische Lebensweisen verursachte Zerstörung der Natur und Aufheizung des Planeten, man denke an nicht mehr zu beherrschende Pandemien, weil die Sorge um das Gemeinwohl, Solidarität, Nächstenliebe dem Götzen individueller Freiheit geopfert werden, an die durch die digitalen Medien perfektionierte Kontrolle und Entpersonalisierung des Menschen, an die systematische Verbreitung von Lügen und vieles mehr, vor allem aber denke man an den beispiellosen Glaubensabfall und die daraus resultierende Entfremdung von der tieferen, transzendenten Wirklichkeit, was letztlich die Hauptursache für alle anderen Übel ist. Für Europa, das wie kein anderer Kontinent seine spirituellen Wurzeln verraten hat und in selbstgefälligem Konsummaterialismus erstarrt ist, muss man Schlimmes befürchten.

Literatur könnte dazu beitragen, eine im Verfall befindliche Gesellschaft aufzurütteln, mit der Wahrheit zu konfrontieren, zu warnen, könnte zum Umdenken, zur Umkehr ermutigen. Voraussetzung dafür wäre freilich, dass ihre Autoren nicht selbst im falschen Bewusstsein gefangen sind und an dessen Verbreitung mitwirken.

München 2021

MÖNCHE,

HIPPIES

UND

POETEN

RUF

Nicht im Lobspruch der Kritiker

noch im Kreischen der Massen

  (oder gar im eignen Genie)

     b e s t e h t

    die Berufung

       zum Dichter

I

DAS UNVORSTELLBARE

Wir sollten uns erst einmal

das Unvorstellbare

vorstellen,

begann der junge Physiker,

den das Aktionsbündnis *Peace on Earth* eingeladen hatte,

um über die Folgen eines Atombombenangriffs zu informieren,

seinen Vortrag.

Stellen wir uns also vor,

an einem wolkenlosen Sommertag

stürzt

um 8 Uhr 15

– wie seinerzeit in Hiroshima –

ohne Vorwarnung

eine Atombombe

(zum Beispiel der Sprengkopf einer SS-20-Rakete)

auf das Zentrum einer deutschen Großstadt,

sagen wir

auf den Karlsplatz in München,

herab.

Sie sinkt aus der Stratosphäre, in die sie Minuten zuvor

geschossen wurde,

von irgendeinem Ort im Ural aus,

exakt programmiert,

damit sie ihr Ziel nicht verfehlt.

Zunächst wird sie kaum jemand bemerken.

Sie sinkt

und sinkt,

bis sie plötzlich

2000 Meter über Ground Zero

mit der Kraft von mindestens

einer Million Tonnen TNT

explodiert.

Der hemdsärmelige Redner hielt inne und blickte

durchs Fenster, als sähe er etwas über

oder hinter den Türmen und Kuppeln

und bunten Fassaden

jenseits des vollbesetzten Saals

im Zentrum von Würzburg.

Erst als die Stille –

durch kein Räuspern und Husten entlastet –

unerträglich wurde, fuhr er mit seiner

Phantasiegeschichte fort.

Es gibt keinen lauten Knall, wohl aber

einen irrsinnigen Lichtblitz.

Alle Personen, die bereits in den Fußgängerzonen rund um den Stachus

unterwegs sind und

nach oben

schauen

erblinden

augenblicklich.

Sekunden danach verdampft ihre Haut.

Ihre Qual jedoch endet schnell

wegen der Druckwelle, die

– von der Explosion verursacht –

die Luft härter macht

als Eisen und Stahl

und

Menschen

Hunde

Tauben

Bäume

Wohnhäuser

Kirchen

Geschäfte

Banken

Hotels

Börse

Justizpalast

Hauptbahnhof

all die geparkten und fahrenden

oder gestauten

Autos

in den Straßen

rund um die Fußgängerzone

samt ihren Insassen

zermalmt

zertrümmert

in Brand setzt

und pulverisiert

oder zu Todesgeschossen

umfunktioniert.

Wieder schwieg er. Auch die Zuhörer schwiegen.

Nur irgendwo schien jemand

mit gedämpfter Stimme

das Gehörte in eine fremde Sprache

zu übersetzen.

In einem Radius von vier Kilometern,

also etwa

(wenn jemand sich auskennt in München)

bis zum Mittleren Ring

wird tatsächlich alles eingeebnet, wird alles

zu Staub und zu Asche

oder fliegt durch die Gegend

wenn es aus Eisen ist,

Wagons

aus dem Hauptbahnhof

wie heißes Gestein

aus einem Vulkan ...

Die imposante Frauenkirche mit den grünlichen Renaissance-Kuppeln

das fotogene Neue Rathaus mit dem neogotischen Glockenturm

die Pinakotheken mit all ihren

Meisterwerken von Dürer und Rubens,

van Gogh und Monet ...

sind im Nu

vernichtet.

Hippies, Schickimickis, Punks und Poeten, Fotografen, Touristen, exotische
Könige mit ihren Leibwächtern und zu Generälen ernannten Dackeln,

Filmstars und Adabeis,

der tägliche Karneval in den Straßen

von Schwabing

hat keine Zeit,

dem Fleisch zu entsagen und

sich auf den Tod

vorzubereiten.

Wenn sie merken, dass Unheil hereinbricht,

hat es sie schon zerrissen.

Selbst der Englische Garten brennt bis zum Aumeister

in Flammen stehen Büsche und Wäldchen,

Türme und Tempel,

der Kleinhesseloher See wird zum

sprudelnden Kochtopf ...

Von Morgenjoggern und ersten Spaziergängern,

ins Büro radelnden Angestellten,

Junkies und Drogenverkäufern,

genderpolitisch korrekten

Lehrer/n/innen

bzw. außen

mit ihren Schulklassen,

für die soeben der Wandertag begonnen hat,

bleiben nur noch

verkohlte Knochen.

Vielleicht lebt ein Surfer am Eisbach einige Sekunden länger,

sofern er gerade ins Wasser gefallen ist,

ehe auch dieses zu dampfen beginnt.

Weder über der Erde

noch in den Schächten darunter

in U-Bahnen, S-Bahnen,

wo zigtausend Pendler soeben zur Arbeit fahren,

überlebt irgendjemand.

Schon nach den ersten Sekunden des Angriffs sind hunderttausende

Menschen im Zentrum

tot.

Nach einer Minute schwächt sich der Feuerball ab;

eine gigantische Wolke aus kontaminiertem Staub

erhebt sich gen Himmel.

Die Druckwelle aber breitet sich weiter in alle Richtungen aus, rast mit

300 Stundenkilometern nach Norden

und Osten

nach Süden

und Westen

und zerstört auch direkt jenseits des Mittleren Rings noch

so viele Gebäude,

dass erneut

Hunderttausende

unter Trümmern

und durch die Luft fliegendes Material umkommen,

schwerverletzt daliegen

oder verwirrt umher-

irren,

Menschen,

denen die Haut

in Fetzen vom Körper hängt,

Menschen

ohne Gliedmaßen,

ohne Gesicht ...

Wenn die Druckwelle Freimann erreicht,

den Flughafen Riem,

Grünwald und

Pasing,

hat sie sich soweit abgeschwächt, dass es hier fürs erste

mehr Überlebende gibt als Tote ...

Die meisten Häuser halten jetzt stand,

viele fangen aber immer noch Feuer,

weil Gasleitungen explodieren,

brennende Gegenstände

herum- und

herabfliegen ...

Die Rauchsäule ist jetzt 15 Kilometer in die Höhe gewachsen,

man kann sie in Augsburg sehen,

in Ingolstadt,

Rosenheim,

Garmisch ...

Ein Zeichen des Grauens

für alle,

die es verstehen.

Denn in weitem Umkreis

regnet es bald

radioaktiven Staub.

Am Ende des Tages sind bis zu 800 000 Menschen gestorben
und weitere 500 000 bis 600 000 verletzt, viele auch schwer.
An die Versorgung dieser Opfer ist kaum zu denken,

weil das Klinikpersonal,

soweit es überhaupt noch in der Lage ist zu arbeiten,

in den wenigen intakten Krankenhäusern

in den Randzonen der Stadt

völlig überfordert sein wird.

In den kommenden Tagen

Wochen

Monaten

Jahren jedoch

fordert die Strahlenbelastung

noch einmal bis zu einer Million Opfer.

Menschen, denen kaum zu helfen ist,

Menschen, die qualvoll dahinsiechen.

GI-BLUES

Einer der beiden GIs im *Juke Box Pub*

    in Schweinfurt klagte bei Songs von John Lennon,

        dass ihre Regierung sie zwinge,

            West-Europa zu verteidigen.

Sein Kamerad prophezeite, er werde

    die Vereinigten Staaten nicht wiedersehn.

        Er wisse genau, vor dem Ende

            seiner Dienstzeit werde er sterben.

War er krank? Oder glaubte er, es gibt Krieg?

    (Die Amerikaner führen ja immer

        irgendwo Krieg.) In seinen Worten

            tönte nicht eine Spur Ironie.

Diese Männer waren wahrscheinlich jünger

    als ich. Wofür riskieren sie ihr Leben?

        Für unsere Freiheit? Unseren

            Wohlstand? Unseren Egoismus?

AMERIKANISCHE PROPHETEN

Hommage an Daniel Berrigan SJ und Philip Berrigan

Der amerikanische Jesuitenpater, zusammen mit seinem Bruder
und anderen Vertretern der Catholic Peace Fellowship
Gäste bei einer Antikriegsveranstaltung in W.
lobte die Aktivisten, die Bahngeleise besetzen
und Zufahrtswege zu Militärstützpunkten blockieren.
Nichts gegen die Aufstellung der Raketen zu unternehmen, sei
eine Unterlassungssünde.

Ich musste an die Unterlassungssünden
so vieler Deutscher denken
zur Zeit der Nazi-Diktatur –
und sah mich mutig rebellieren
den Kriegsdienst verweigern,
Hunderte vor dem Konzentrationslager retten ...
bis mir plötzlich eigene, scheinbar kleine Unterlassungssünden einfielen –
Schweigen, wo ich hätte reden sollen,
Tatenlosigkeit, wo ich hätte handeln müssen
Trägheit,
Gleichgültigkeit,
Feigheit –
Schluchten von Schuld
und Versagen taten sich auf und
wuchsen, bis sie das tapfere Ich
verschluckten ...

Unter Umständen muss man auch bestehende Gesetze missachten,
fuhr Father Berrigan fort, um einem höheren Gesetz zu genügen.

Mehrfach war er verhaftet worden und im Gefängnis gesessen.
Zum ersten Mal 1968, als er sich Phil und anderen Kriegsgegnern
anschloss,
um Einberufungsschreiben an junge Amerikaner,
die nach Vietnam sollten,
zu verbrennen
mit Napalm ...
1980 beteiligte er sich am Einbruch in einen General Electric-
Rüstungsbetrieb
und der Zerstörung von Hitzeschutzschilden für
raketengelenkte Wasserstoffbomben ...
Ein andermal beschmierte er den River Entrance zum Pentagon
mit seinem Blut ...

Wie die symbolischen Handlungen eines Ezechiel, Jeremia oder Isaiah –
ihre scharfe Kritik an Ausbeutung, Glaubensabfall,
Dekadenz, Korruption ...
Die provokative Zerstörung von
Fetischen, Götzen, Idolen ...
Ja, die Taten der Berrigans sind prophetische Zeichen
gegen den Kult um Konsum, Macht und Sicherheit
in unserer kranken Gesellschaft.
Sollte ich teilnehmen an solchen Aktionen?
Zuerst muss ich wohl selber umkehren,
bevor ich den Anderen predige.
Ich will eine Pilgerfahrt machen.
Nach Compostela zum heiligen Jakobus?

Lieber nach Fátima,

wo die Gottesmutter erschien.

Nie haben wir Gewalt gegen Menschen eingesetzt, antwortete Phil,

der noch mehr Jahre im Gefängnis verbrachte als sein Bruder,

auf die Frage, ob sie auch

Militärs und Politiker attackieren.

Blut ist das Zeichen unseres Bundes mit Gott.

Der Sohn Gottes hat sein Blut für uns vergossen.

Daraus folgt aber auch, dass wir niemals

eine Person physisch angreifen

oder gar das Blut eines Menschen

vergießen dürfen.

Am Ende betonten alle noch einmal:

Wenn die Raketen aufgestellt werden,

dann nur deswegen, weil sich nicht genug Menschen

dagegen

wehren.

II

SS-20

– reißt dich ein gellender Knall aus dem Schlaf in panischer Angst

stürzt du ans Fenster und starrst in die blendende

Nacht:

*Jetzt haben sie ihre Bomben gezündet *

Doch

es ist

ein Gewitter.

Aufatmend

wankst du zurück

und wieder beruhigt

für den

Augen
b   k
l c
i

AUSZUG

Vor dem Fenster verweist eine hellblonde
   Schönheit mit steinernem Lächeln
   und sehr weit entkleidetem Leib auf
   DAS WUNDERBARE DUSCHBAD

Zwei schneidige Jünglinge auf einem
   anderen Werbeplakat
unterwerfen sich ganz ihrem silber-
metallischen Gott DER TECHNIK
   VOLLENDETE FORM

„Inter-City nach Frankfurt Gleis 7"

   die Slogans

      bewegen sich neue

  erscheinen und schweben

     vorbei LET'S GO WEST

       Sonntagmorgen im Stil

    der postmodernen

       Zeit ziehn vorüber

Konsumkathedralen

zwar menschenleer heute

doch voller gespenstischer

Schau!

Fensterpuppen in stillen

Kapellen des Geldes

gigantische Irrlichter

FREILUSTSAISON

Kleine Hügel

rot oder weiß

blau golden

lackiert säumen

die Straßen umranden

selbst noch eine

trübe, braune

Pyramide

mit finsteren Fenstern

und grauen Balkons

Auf die Betonfelsen-

Wohnungen folgt eine

biederlich feine

Kleingartensiedlung

dann tiefere Wiesen

und leuchtende Felder

der Zugwurm windet sich

quietschend nach links

und ermöglicht noch einmal

den Rückblick –

Die Häuser der Stadt

sind zusammengeschmolzen

zur winzigen

Burg

am nördlichen Horizont

Rechts hinter der Scheibe

drohen zwei plumpe

Unheil

verkündende Türme

aus denen Rauch-

Zeichen

aufsteigen

gegen den Himmel

Dann endlich lebendige

Wolken

und nun wie im

Flug

hoch

über dem Fluss –

Nur Erinnerung folgt mir im fliehenden Zug

an die Freunde,

die ich zurücklassen muss.

DER ABSCHIED

Susanna!

Du ahnst nicht, wie die Welt mir entschwand,
als du mich einludst,
das letzte Fest zu durchschreiten.

Von Stand zu Stand
stärker
bei Kokosnusskuchen und Apfelmuswaffeln und schwarzem Kaffee
(denn es gab keine Sahne mehr)
verband uns die Suche
nach
Vollkommenheit.

Als die Hand du zum Abschied mir reichtest,
erkannte ich meinen Weg
in ein tieferes Leben.

Du ahnst nicht, welche Schönheit ich schaute
in deiner Schönheit,

Susanna!

STIMMEN DER NACHT

Ermüdender Zug durch die Regennacht Frankreichs.
    Doch die muntere Reisegruppe aus Mainz
                    hält mich lange noch wach.
          Jedenfalls reden sie lauter als all die Franzosen
              in unserm Abteil.

In Frankreich bleiben sie sicher verschont. Wer greift denn Atommächte an?
    ließ sich jetzt eine sanfte weibliche Stimme vernehmen.
Vor den Raketen der Russen haben die Leute überall Angst in Europa,
    brummte jemand neben ihr.
Welche Leute sollen das sein? Höchstens solche, die Aktien haben!
    kommentierte die Frau mit der Angela-Davies-Frisur jenseits des Gangs.
Oder Häuser und Sparbücher! ergänzte unüberhörbar der Typ mit dem langen
    stirnbandbefestigten Haar rechts am Fenster.
Das sind Kommunisten. Denen wär es am liebsten, wenn wir ein Teil des
    Sowjetsystems würden, urteilte jemand hinter mir.

Ein doppeltes Lachen
          vermischte sich hämisch und schräg
                    mit dem Zischen des Zugs.

Häuser hab ich zwar keine, nicht einmal eine Wohnung.
    Doch werd ich ein Zimmer mir suchen in –
          wie heißt der Ort nahe Ingolstadt wieder,
               wo sie mir Arbeit anbieten? –
    falls das Land noch nicht brennt bis dahin.

Aktien sowieso nicht. Ein Sparbuch, o.k.

Mit 400 DM darauf.

Ob's für die Kaution reicht?

Die Angst fehlt mir trotzdem.

Vielleicht kommt sie ja später.

Was soll schon passieren, wenn die Börschings und Gruhsch Missails aufgestellt werden? schaltete sich der übergewichtige Kerl rechts vorne ein, wobei er den mächtigen Oberkörper zurück in den Gang drehte.

Also ich habe Angst, Rudi, dass die Amerikaner Raketen bei uns installieren, hielt seine unsichtbare Nachbarin dagegen. So wird Deutschland zum Schlachtfeld.

Das heißt, du hast Angst vor den Russen.

Die haben doch nie Atombomben eingesetzt gegen Menschen.

Die Amerikaner werden das auch nicht tun.

Hätten sie eher welche gehabt, es wär uns in Würzburg genauso ergangen wie den Menschen in Japan. Die Flucht zur Oma nach Versbach hätte Mama und mich nicht gerettet.

Die hat nicht kapiert, worum es in diesem Krieg ging. Wahrscheinlich war ihr Vater bei der SS, grummelte der weibliche Wuschelkopf.

Niemand hat die Absicht, die Atomwaffen einzusetzen, beschwichtigte jemand von hinten. Die Raketen werden gebaut, um Krieg zu verhindern, nicht ihn zu führen. Abschreckung ist alles.

Da hast du ganz recht, Horst, fügte ein andrer hinzu. Der Einsatz von Kernwaffen wär ein Verbrechen. Denn er tötet ja nur Zivilisten. Und zerstört für Jahrhunderte unsere Umwelt. Als Drohpotential sind die Bomben jedoch legitim.

Das ist ja eine brillante Logik, meldete Rudi sich zurück. Wenn Breschnew davon Kenntnis erlangt, haben die russischen Panzer freie Fahrt.

Nach Westen.

Daraus folgt, die Pershing II muss herbei, wenn die Sowjets nicht abrüsten.

Und im Ernstfall muss man sie auch verwenden.

Pershing Zwo – ab ins Klo, skandierte ein Knabe,

as wäre er auf einer Demonstration,

und erheiterte kurz die Gesellschaft.

Das Gezeter setzte sich fort eine Weile,

wurde abstrus,

bis es schmolz

in das silberne Rauschen des Zugs.

In Lyon stieg der Reisetrupp aus.

Ohne die bissigen Hippies.

Die frei gewordenen Plätze wurden nicht mehr besetzt.

In die kurze gespenstische Stille

kündigte eine metallene Lautsprecherstimme

die Weiterfahrt an …

und wieder rollte der Zug

durch das atomwaffen-

sichere Frankreich.

Als ich geweckt wurde ¡Su pasaporte por favor! brannte die Sonne.

Spanien

sicher

kernwaffenfrei

wird allen Trübsinn

vertreiben.

III

ANSCHLÜSSE

„Usted tiene enlace a Córdoba",

tönte ein Lautsprecher

tief in Madrid.

„Enlace a Málaga, Vigo, Motril, Barcelona!"

Oder fahren Sie lieber nach Rom?

Nach Paris?

Oder London?

Buchen Sie hier

schon ab 1000 Peseten.

Oder fliegen Sie,

falls Sie es vorziehen,

nach Moskau, New York oder Sydney.

Es kostet Sie nichts!

Wie wär es mit Tokio, Montevideo

oder gar mit Berlin?

Das Unheil wird jeden erreichen,

wo immer er ist.

An den Stränden von Rio,

in den Bars von Cancún,

in den Straßen von Valparaíso.

Die Nacht bricht auf jeden herein.

Brennen und

taumeln wird der Planet

und ächzen.

Dem entgeht keiner.

POSTKARTE 1

Murillo, *Immaculata*

(An Susanna)

Heute Morgen im Prado stand ich beklommen
vor einem verwirrenden Glanz.
Staunend sah ich ein:
Schönheit und Reinheit können kein
Widerspruch sein.
Sie bedingen sich ganz
und vollkommen.

SAN ANTONIO ABAD

Calle Hortaleza

Durch die glühende Stadt müde geworden
und unschlüssig

    klopfte ich an.

Ein greiser Mönch

    fast etwas mürrisch

führte mich

    in die dunkle Kirche.

    AugenBlickBlitzLicht

mit elektrischem Strom

    traf mich

      Goyas Vision:

San José aus Calasanza

    im Sterben schon

    empfängt

    auf Knien

    die letzte

      Kommunion.

POSTKARTE 2

Parque de Entrevías, Madrid

(An Juanita)

No llores, mi amiga!
    Wir können nichts eins sein
    in dieser versinkenden Welt.

Die Fahrt in der Metro, wo ich zufällig neben dir Platz fand
    (du konntest viel besser Deutsch als ich Spanisch)
den Abend, an dem wir im Scherz unsre Zukunft erdachten
    (mit Villa, Gitarren und goldenem Vollmond)
die schwankende Fußgängerbrücke, von der wir beinahe
      hinab in den schleimigen
      Teich gestürzt wären
    (zu Schlingpflanzen, Kröten und Echsen)
all die seltsamen Zeichen auf unseren Wegen
        die sich für vier Tage kreuzten
    vergiss nicht!

No llores, Juanita!
    Wir sind unterwegs in das Land,
    wo wir eins sind.

LISSABONEXPRESS

Durch das geöffnete Fenster entstand

ein erfrischender Nachtzug

zwischen den drückenden

Tagen.

Der Rucksacktourist mit der Bierdose auf der Bank gegenüber

stellte sich vor als Jam4Scandy, vielleicht

kennst du zufällig eines meiner Gedichte *I'm a poet* in Berlin

kennt mich fast jeder, gerade ist

DIE DIE DIE DIE erschienen, vertont von

Tug of Love, der Punkband der Zukunft –

Ich glaub den Song kenn ich tatsächlich. Lautet die zweite

Strophe nicht „die der die die"?

Genau! Hab ich's nicht gesagt? Wahnsinnig erfolgreich. Kam schon

im Radio. Und von meinem Lyrikband

sind inzwischen alle Exemplare verkauft.

Jetzt gönn ich mir ein paar Tage Portugal,

bevor ich in eine Kommune reinziehe

in Wien.

Verfasst du auch politische Texte – oder gar tiefere noch? wollte ich wissen.

Du hast nichts kapiert. Politisch ist alles, was immer du tust. Und das Leben in

freien Gemeinschaften wird die Welt zum Guten verändern!

Sind das nicht längst widerlegte Ideen aus den 60er Jahren?

Unsinn, die Kriege sind sofort vorbei, wenn keiner sich einziehen lässt.

In die großen Kommunen?

Schmarrn! Wenn keiner zum Bund geht. Ich entschloss mich

mit 17 von Köln abzuhaun –

Ah! Nach Berlin! Und jetzt, wo es brenzlig wird,

geht's ins neutralere Wien. Diese wahrhaft poetische Lösung

gehört überall auf der Welt propagiert.

In Kalifornien wird sie schon längst praktiziert.

Ich habe dort Freunde, die gar nicht mehr wissen,

dass Washington noch existiert.

Wahrscheinlich sind die in der Psychiatrie.

Hör auf, mich zu verarschen. Die dekadenten Präsidenten

meine ich.

Ich schwieg, auf Streit nicht erpicht.

Er steckte ein Kabel ins Ohr,

kramte Kassetten hervor

und drückte verschiedene Tasten

auf seinem Walkmankasten

über dem Nabel.

Irgendwann fragte er doch

scheinbar ernsthaft interessiert

aus seinem Lärmuniversum

nach meinem Ziel.

Fátima, sagte ich.

Da gibt es bessere Badeorte am Atlantik,

erwiderte er beinahe grantig.

Ohne Zweifel, gestand ich.

ASSUNÇÃO

In der Mitte des Monats
ein Hauch San Francisco:
ozeanische Brise am Ende des Kontinents
Hügel an Hügel und silbern
schwebend die Brücke im
dunstigen
Horizont

Doch neben der Schönheit und Vielfalt
Verfall.
Hinter Zedern, Agaven, Zypressen,
neben kunstvollen Kachelgemälden,
vor Seerosenteichen mit
Pelikanen, Flamingos
schreien
die nackten Fassaden des
Untergangs

während droben im Bairro Alto
grau und gespenstisch
die Trümmer
warten
Igr j d C rm

POSTKARTE 3

Palmen vor sinkender Sonne, Meer

(An Bob in Philadelphia)

Bis zum Atlantik bin ich gelangt.
Die amerikanische Küste
        bleibt unerreichbar.

                  Portugal?
      Ein faszinierendes Land,
        ohne Frage –

(die lusitanischen Gärten mit den
           tiefblaublühenden Sträuchern,
     das unergründliche Klagen der *fados*,
       die dunklen Augen der Frauen ...)

        Doch Sehnsucht und Schwermut
          umarmen sich hier

           saudade
         saudade

AM ENDE EUROPAS

Morgen

Avenida zum Tejo

Brack

Kamera

Blick

auf ein ankerndes

U-Boot

Oder war es ein Wrack

Rumpf

über

Wasser?

Mittag

Hitze

in engen

steilen

Gassen

und endlich

die Kirche

blendend

weiß und Rosen

umrankt

Santa Engrácia

aber

verschlossen

Abend

Land

Angst

Schrei

an wackelnden Wänden

NÃO ÀS ARMAS NUCLEARES EM PORTUGAL

NÃO ÀS ARMAS NUCLEARES EM PORTUGAL

POSTKARTE 4

Lissabon, Alfama

(An Antonio Feijo in New York)

I wanted to leave this restaurant early, but the fado
        haunts me tonight.

What are the soul-searing songs of these contralto
        singers about?

      saudade, saudade

   If only I knew Portuguese!
   If only I could read your poems!

FÁTIMA

Portugiesische Frauen mit Kopftuch und Rosenkranz
Wallfahrergruppen aus Spanien, Deutschland, USA
Nonnen in schwarzem und weißem Habit
Pilger mit Bärten und Blue Jeans

Dies ist kein Ort für Touristen.
    Kein Ort für Visionen
        (vermittelt vom Reisebüro)

        e l u g a r d e o r a ç ã o

    ... für die Bekehrung der Welt
    ($\mu\varepsilon\tau\alpha\nu\omicron\iota\alpha$, Wandlung, revolução)

Während PRAWDA und TIME von der
    Aufstellung neuer Raketen
        berichten

        rufen sie hier:
    „Herr, befreie uns
        von unseren Bomben!"

FELICIDADE INMERECIDA

In der Tiefe der Abendnacht

        Einssein

              für das es kein Wort gibt –

     Fülle und Leere

       (glutrot)

      Himmel &

        Nichts

... Dein unaussprechlicher Friede, sanft und weiß,

        nein, weißer als weiß und durch nichts zu erschüttern

    im grauen Alphipoliswinter

       am Ende des finsteren Jahres ...

  ... die Begegnung mit Dir in Rensellear, wo Du

    den Bunker des falschen Bewusstseins zerschlugst,

      in dem ich gefangen war ...

  ... versunken in Dir in Las Vegas;

    inmitten des Irrspiels zeigtest Du mir

       was wirkliches Glück ist ...

Hier ist jeder Ort

      jede selige Zeit meines Lebens

             jeder unentfremdete Augenblick

         jedes Lebens

     Wirklichkeit

       äußerste

     Wirklichkeit

Einssein

der Ursprung das Ziel

Galaxien vor Milliarden von Jahren

Neutronenverdichtung

in schwindenden Sonnen

in mir

und ich in der

ewigen ewigen ewigen

Liebe

erloschen

zum Leben

zum Licht

aus dem gaukelnden Schein

des Jahrhunderts

das draußen dröhnt

und verstrahlt

in unbegriffenem Sterben

Jahrhundert

in das ich

(für wie viele Jahre?)

zurück-

muss

IV

POSTKARTE 5

Giralda hinter Blüten

(An Queen Florence in Beverly Hills)

While I'm writing these lines
Sevilla appears at the horizon
and bursts into

whiteyellowbluegreenredviolet
blossom

And all of a sudden reminds me of Florida ...
And now makes me yearn for California ...

But this is not the bus to Miami –
two students in love
defying a hurricane

This is not the bus to L.A. –
a poor beaten poet waiting
in front of a movie star's palace
in vain

GAMMLERS NACHTLIED

Nicht in stolzen Hotels oder frommen Pensionen –

Este mundo es el camino

im städtischen Park, von wogenden Palmen bedacht,

para el otro, qu'es morada

vielleicht auch in Mond- oder Sternenlichtzonen,

sin pesar

will ich ruhen, in Kleidern und Schuhen, heut Nacht.

KONTEMPLATION DES TODES

In den Palmen der Nacht
    Wind und die Brandung
  ferner
     Avenidas
   der Sturm
      der einstmals
    beschworene
      Sturm
   auf die Barke
     des Dichters
der unter trotzigen
   Segeln
      in letzter Vergänglichkeit
  kämpft
What is life? I cried –
  vor der unerreichbaren Bucht
    in den Fluten
   The Triumph of Life
     in der endlosen
  Monotonie
    des Meeres
      der Wind
   und die Palmen
      schwankend
   die Sterne

die Palmen

und plötzlich ein grelles Glissando der Angst

„I am shot!"

„I am shot!"

schreit

ein anderer Dichter

vor seinem Hochhaus

The way things are going

im blutigen Scheitern

der Flucht

vor dem Ruhm

They're going to crucify me

und wieder

der Wind

wie ein Schrei

in den Palmen

der Wind

und der Tod

Tod

eines heiligen

HippieMönchDichters

auf seinem äußersten Trip

unterwegs

zu der siebenten Stufe

des Berges

die nie gesehene Seite

zu schauen

The side that has never been turned

into postcards

ein Schritt noch

zum Gipfel

zur endlosen

Aussicht

ein schmerzvoller

Aufschrei

in der elektrischen

Kreuzigung –

Nacht

heiß und kühl

und sich biegende

Palmen

Palmen

im Wind

DER HEILIGE DICHTER

Für San Juan de la Cruz

Glücklich der Dichter,

      von dem einst gesagt wird:

Nicht allein seine brennenden Verse –

      sein Leben ergab ein perfektes Gedicht

   von einem Dichter

      unendlich größer

      als er.

MAHAKARUNA

An Thomas Merton

In dieser Nacht, großer Freund
      rufen mich
    deine lautlosen
     Worte
       zum Aufbruch

Früchte der Einsamkeit, lange geerntet schon
        vor dem Flug an das Ziel
             an das Ziel

Aus dem Abgrund
    des Schweigens
       im Innern Amerikas
     ruft mich der, dessen Stimme du bist
       auf den Weg
         in das glühende
           Dunkel

Samen der Kontemplation
        aus dem Herzen der Herzen
    der Welt

Auch für mich, tiefer Freund
       den nie ich gesehn

auch für mich

wurdest du

Sein

ALHAMBRA

„God is the Most High",

    erklärte Jalal aus Amman,

        den ich seit Córdoba kannte,

    die maurische Inschrift.

    Ich stimme zu

    und ergänze:

„Unendlich Eins

        und unendlich

      Drei."

POSTKARTE 6

Granada, Alhambra

(An Effat in Teheran)

Gardens with palm trees,
 exotical dark-burning flowers
  and numberless murmuring fountains
   entwining
  the mystical halls of the palace,
 the courtyards and columns and
ornaments from the orient.

  And everywhere on the walls
  Arabian poems and prayers.

  It must be a dream.
  Tell me, how long
   have I been sleeping?

RECUERDOS DE L'ALHAMBRA

Als ich an jenem Morgen
    (Tárregas Klänge im Kopf)
die Pracht des Alhambrapalastes bestaunte,
        ging mir auf:

Dies ist nicht *l'art pour l'art*.
Noch Idolisierung des Menschen.

Dies ist Verweis auf die Quelle der Schönheit.
    Denn überall las ich
        in den arabischen Zeichen

EHRE SEI GOTT IN DER HÖHE!

EL CASTILLO INTERIOR

Und immer wieder Rück-

        Zug

      (antitouristisch)

               aus dieser blendenden Welt

      in die tiefen Gemächer

   der inneren

Burg.

V

GERMANY'S MOMENT OF ANGST

(*TIME*, August 24, 1981)

Das Hamburger Pärchen

(so um die 17)

im Schnellzug nach Osten

schrak auseinander, als es die Schlag-

zeile sah „Auf unsre Stadt"

schraken sie auf „sind Atom-

raketen"

wie wenn sie

„gerichtet"

erwachten

aus süßen

bundesrepublikanischen

Lügen

MYSTERIUM CRUCIS

Hommage an Takashi Nagai

Soll ich wirklich den Job in der Nähe von Ingolstadt annehmen?
Ist meine alte Heimat nicht sicherer, wenn sie Deutschlands
Metropolen in Todeszonen verwandeln? In Oberfranken
gibt es ja weit und breit keine Großstadt. Und kleinere Städte
und Dörfer werden sie wahrscheinlich nicht mit Atomwaffen angreifen.

Aber sagten nicht alte Propheten voraus, dass Bayern verschont bleibt?
  (Sogar Ronald Reagan interessierte sich dafür,
     war kürzlich zu lesen.)
Unruhen werde es geben. Hungersnot. Aber keinen Einmarsch
und kaum Zerstörung. Außer den Brücken über den Strom.

Das bezog sich jedoch nur auf das Bayern südlich der Donau,
das alte, ursprüngliche Land der Boiern, jene Mischung
aus keltisch-romanischen Einwohnern und den Germanen,
die friedlich immigrierten in die fast menschenleere Region
nördlich der Alpen, als die Römer abzogen.

Aber waren denn jene Wahrsager echte Propheten?
Oder Scharlatane, die glaubten zu profitieren,
wenn sich Bier und Oktoberfest perpetuieren?
     (Ich muss recherchieren.)

In jedem Fall wäre es falsch, sich danach zu richten,
wo man sicherer lebt. Was zählt, ist einzig,

wo Gott will,

dass ich lebe

und sterbe.

Urakami! Denk ich an Urakami Tenshudō, begreife ich,

dass es nicht darauf ankommt,

dem Leid zu entgehen.

Der amerikanische Bomberpilot –

Wusste er, was er tat?

Sein Präsident jedenfalls konnte es wissen,

was er verursachen würde.

Den feigen Massenmord drei Tage vorher

feierte er als den größten Tag der Geschichte.

Sein Bomberpilot –

als er die angepeilten Industrieanlagen

wegen des schlechten Wetters nicht fand –

warf gehorsamst am 9. August

die Plutoniumbombe

(warum nutzlos im Meer versenken?)

auf

Urakami

den Stadtteil im Norden

Nagasakis

:

Ground

Zero

:

St. Mary's Cathedral

Auf Menschen, die darin um den Frieden beteten

und mit den Verbrechen ihres Volkes

am wenigsten zu tun hatten.

Ihr Opfer, vereint mit dem Opfer des Lammes, beendete den Krieg,

brach endlich den Hochmut der Militärs und Politiker,

samt dem des Kaisers, der sich

AD 1945

noch als Gott verehren ließ.

Wie könnten die Frommen entkommen, wenn ihr Herr leidet?

In Milliarden von Menschen.

Unerforschlich sind Gottes Gedanken.

Aber ist es nicht allemal besser zu sterben als Unrecht zu tun,

gar zum Mörder zu werden?

FEUERGESANG

Auf diesen schwelenden Bahnhöfen
WARTEN
Auf diesen glühenden Flughäfen
WARTEN
im Feuer der Selbsterkenntnis

Ein neuer Ankömmling
sieht sich
zum ersten Mal und
erschrickt
vor dem hässlichen Ich

Und ein Anderer
auch ohne Maske und Koffer
stöhnt auf
und peinigt sich weiter
warum nur
warum jener Wahnsinn
warum nur

Doch nein es beruhigt ihn
ein Dritter
es gebe noch Hoffnung
dies sei nicht
die endlose Angst nicht

das äußerste

Grauen doch wann endlich

wann endlich

geht unser Zug unser

Flugzeug aus

diesen verbrennenden

Städten

RICHTUNG MEER

Und weiter der Zug

du alleine am Fenster

verwegene Eisenbahn-

Brücken und Canyons

bizarr und unheimlich

tief

(wie Atombombenkrater)

ein riesiger Schädel

vor Felsenraketen da!

in der schweigenden

Ferne funkelnde

Lichter aus Dörfern

verschont?

von den Strahlen

des Zorns

jetzt auf einmal Orangen-

Plantagen doch dann wieder

apokalyptische

Wüste und Wüste und

sinkende Dämmerung

langsam entweicht die

Atomlandschaft

nun in die

Dunkelheit

du aber weiter

am Fenster träumst

wieder hinaus in die

Wirklichkeit einsam und

müde und glücklich und

tief in der Gegenwart

Gottes

dein Ziel unterwegs

wo du herkommst

zurück wo du

hingehst zum Ursprung

hinaus unterwegs

in der Unrast des

Friedens der

LiebeLiebeLiebe

allein und das

Rattern und

Rauschen und

Rattern der

Bahn durch die

Fülle der

Leere der

Nacht Richtung

Meer

POSTKARTE 7

Sonne, Sand und Möwe über dem Meer

(An Esther in Tel-Aviv)

This is the end

      of the trip

      of the inspiration

   … thinking for hours what to tell you …

My imagination is like the sand

      at the Costa del Sol

   But –

      do we really need words

      to communicate?

VERSTREUTE GEDICHTE

FLUSSABWÄRTS

PASSAGIERMASCHINE ABGESCHOSSEN ... SS 20 BEDROHEN GANZ

EUROPA ... NEIN ZU DEN PERSHING-RAKETEN ... ATOMPILZE ÜBER

I

Aus der Abend –

        Sonne

            kreischt

„ ... der Schnellzug von Ulm ... "

               in die neuesten

                    Nachrichten

II

Fast unbeschwert

        steige ich ein

    dabei nur die

        hellbraune Wildledertasche

           Geschenk meiner Eltern

        als mich plötzlich

           entsetzlicher

              Augen-

              Blitz

              trifft

aus einem Hass-

zerstörten Ant-

litz

III

17 Uhr 36. Auf –

Bruch aus einer

versinkenden

Welt

in Erwartung

des Kommenden:

Ende und Ziel?

(Wohin wird die Liebe mich ziehn?)

Bestimmung und

Tod?

IV

Schon entspannt mich

der sanfte nord-

östliche Zug –

Rausch zur Zukunft

der gotische

Turm schrumpft und entsch-

windet der Fluss

den wir über –

queren der Fluss

bleibt mir nah nur

der Fluss den ich

lieb gewann Zeit

und Gedächtnis

Armella

begehrte mich

wie keine sonst

doch ich habe

entschieden ich

bleibe dem Fluss

treu kein Leben

zu zweit nein wir

sind nicht bestimmt für

einander

NO FUTURE

in dieser ver-

weh-

enden

Welt

dem größeren Ruf

will ich folgen

jetzt ostwärts und

nordwärts und

ostwärts ...

V

Auf eine der Ansichtskarten

ALL YOU NEED IS LOVE

(weiße Lettern auf rotem Grund)

die ich schnell noch

vor der Abfahrt

im Zeitungsladen am Bahnhof

gekauft habe

male ich Abschiedsgrüße an

Damian, dessen naiver

Marxismus (die Verteidigung

Stalins inbegriffen) mich stets

proviziert hat.

Ruhe sanft im J

u

m

b

o

deiner Illusionen

über den Sowjet -

k

o

m

m

u

n

i

s

m

u

S S –

Wiederum rauschen wir über

      den Fluss der jetzt

          breiter schon ist

       Ich hänge am

    Fenster finde

mich nördlich der

     sanften

    Erinnerung

  an ein

    verlorenes

       Leben

     ein herrliches

       Land, ja

     ich liebe es

        mehr als

      Amerika

   tiefgrüner Wald

     zwischen Kirchturm –

        verankerten

        Dörfern, gelben

     Stoppelfeldern

und autobunt

    umfluteten

  Städten am Strom:

meine Heimat

     auf die jetzt der

      Tod

      zielt.

INGOLSTADT Hauptbahnhof.

    Vor einem Jahr stand ich hier und

       wartete traurig auf Züge

          Richtung Norden.

  Heute jedoch schon nach kurzem

    ein Ruck und wieder bewegt sich

      die Stadt, jetzt die

        dünnen Stahltürme

    Flammen und Rauch

        der Fluss zwischen

      Hügeln und Feldern

    wir sinken noch

       immer nordwärts

          ostwärts ...

An einsamer Haltestelle

    fährt ein silberner Gegenzug

    ein.

  Aufleuchtet

 durch die verdoppelten Fenster

      des ehemaligen Nachbarn

    gütige Miene.

Doch bevor er mich wahrnimmt

    fällt er

  zurück

auf dem Weg in

vergangene

Zeiten ...

IX

Auf eine andere Karte

(japanische Brücke unter schwarzem Regen

an ein unsichtbares Ufer)

kritzle ich ein Mini-

Epi-

gramm

an

Katharina Berger

zum Dank für ihr weißes Werben:

Auch deine Liebesgedichte

leisten Widerstand

gegen ihre Raketen.

X

Und der Zug rauscht weiter wieder

breiter ist wieder der Fluss jetzt

Da!

schwimmt Blut –

rot die Sonne

im Strom eine

Autobahn –

Brücke

Verdichtung der

Geleise vor

REGENSBURG

REGENSBURG

XI

„... Sie haben Anschluss zum Intercity

nach Passau Gleis sieben ...“

Ein Mädchen mit prächtig langen

blonden Haaren

in das ich mich fast verr-

liebe am Bahn-

steig doch

als wir im Zug

sitzen

und an Tempo

gewinnen beim

Einbruch der Nacht

endlich wieder

die wirkliche

Liebe.

Wohin sie mich

treiben mag jetzt?

XII

Im Zug nach Süd –

        Osten kein Blick

     auf kommende

        Landschaften nur

       Blitze

         erhellen

       Momente

           gespenstisch

        den rasenden

       Damm

XIII

Unter Neonlicht ein letzter

       Gruß an Lenny

          der mich für die DKP

      gewinnen wollte:

          WE CAN WORK IT OUT

          (wie der Beatles-Song)

          In dieser Leere restlosen Gebens

          (ohne etwas dafür zu empfangen)

          wächst in mir die Gewissheit:

          Der wahre Kommunismus ist möglich.

          Let's work it out.

Jetzzt

STRAUBING

durchzuckt mich

das gelbe

Entsetzen –

apokalyptischer

Ahnung.

Eine Tür schlägt.

Doch niemand steigt in die Stille.

Und knarzend

setzt uns der

Zug in

Bewegung

XV

Wieder Rauschen

der Nacht Richtung

Süden und

Osten ...

Ich bin längst allein im Abteil

als ein nackter

Schädel grinsend

die gläserne

Tür auf –

schiebt.

XVI

„Ihre Fahrkarte, bitte sehr."

    Ich reiche das gelbe Papier.

„Sie wollen noch über den Fluss!"

     „Hab' ich denn Anschluss hier?"

„Ganz gewiss nicht mehr."

BOMBERPILOTENSONETT

Wir fliegen in die Nacht aus Morgengrauen;
Der Glaube an das Nichts macht Zweifel wett
Und tötet jedes skrupulöse Njet:
Nur Trümmer werden noch die Sonne schauen.

Wir fliegen aus dem Abgrund unsrer Pein;
Der dunkle Wunsch nach Rache gibt uns Kraft,
Verdrängt, was uns Gewissensbisse schafft:
Das Reich des Bösen wird vernichtet sein.

Dann stehen alle Herzen, jede Uhr;
Denn unsrer Waffen lange Strahlenkrallen
Vertilgen überall des Lebens Spur.

An jedem Ort, wo sich die Menschen ballen
Der uns verhassten feindlichen Kultur,
Wird eine unsrer Bomben
      Bomben
   Bomben

VERGANGENHEIT

UND ZUKUNFT

Jahre danach las ich die alten
Verse noch einmal – und erschrak!

Wie konnte ich damals des Nachts schon gestalten,
Was später geschehen würde am Tag?

Und das, was immer noch aussteht?
Waren es lediglich Schreckensgesichter
angstgequälter Phantasie?

Verleihe, Herr, dass ich nie
Ruhm suche als Dichter
noch wünsche, ich sei ein Prophet.

Editorische Notiz

Die Entstehung der meisten der 33 Gedichte des Zyklus *Mönche, Hippies und Poeten* lässt sich bis zum Jahre 1981 zurückverfolgen, als der Autor eine Reise nach Spanien und Portugal machte. Das gilt für die Postkartengedichte, die in ihrer ursprünglichen Fassung wahrscheinlich an reale Personen gerichtet waren und wohl auch an diese geschickt wurden, aber ebenso für eine Reihe anderer Texte, von denen frühe, oft kürzere Fassungen vorliegen. Mehrere Gedichte sind allerdings erst in den Jahren nach der Rückkehr des Autors entstanden, etwa bis zum Frühjahr 1986, aus dem ein Typoskript des Zyklus vorliegt, das der Autor damals unter Freunden verbreitete. Einzelne Gedichte aus dieser ersten Version des Werks wurden in den neunziger und nuller Jahren in Anthologien abgedruckt. Die Veröffentlichung des gesamten Zyklus erfolgte jedoch erst im Jahr 2010 unter dem Pseudonym Ed Mellers, also fast drei Jahrzehnte nach seiner Entstehung. Auf dieser Buchversion basiert auch die vorliegende Neuauflage im Rahmen der Gesamtausgabe der poetischen Werke des Autors. Dabei wurden allerdings sieben Gedichte aus dem Zyklus eliminiert und durch andere ersetzt. Die substituierten Titel lauten *AIDS, TAGEBUCHNOTIZ, AHNUNG, DAS NEUE LEBEN, DER IMMERWÄHRENDE WEG, LITANEI* und *NACHFOLGE*. Hinzugekommen sind im Gegenzug in der Neuauflage die Gedichte *SAN ANTONIO ABAD* (s.o. Seite 43), ein erstmals 2014 in der Sammlung *Augenblicke im Leben* veröffentlichter Text, *SS-20* (s.o. Seite 29), das 1997 in der Anthologie *Flug der Pelikane* publiziert wurde, aber bereits 1981 entstand (ursprünglicher Titel *HERBST*), sowie die bislang unveröffentlichten und erst in jüngerer Zeit verfassten bzw. vollendeten Gedichte *UNVORSTELLBAR* (S.15), *GI-BLUES* (S.23), *AMERIKANISCHE PROPHETEN* (S.24), *STIMMEN DER NACHT* (S.36) und *MYSTERIUM CRUCIS* (S.72).

Etliche Gedichte wurden für die Neuauflage noch einmal überarbeitet. Im Vergleich zur Erstauflage fällt außerdem auf, dass der Autor eine Kapiteleinteilung mit fünf römischen Ziffern in die – an manchen Stellen auch abgeänderte – Reihenfolge der Texte eingefügt hat, um den Reiseverlauf des lyrischen Ich zu gliedern. Die römische Eins erscheint dabei allerdings erst nach dem Epigramm *RUF* (S.11), mit dem der Zyklus beginnt, wodurch dessen dichtungsprogrammatischer Charakter hervorgehoben wird. Anders als im ersten Lyrikband des Autors *Die Sehnsucht der Sehnsucht der Liebe* ist die Berufung zum Dichter in der Tat eines der zentralen Themen in *Mönche, Hippies und Poeten*, worauf ja bereits der Titel einen, wenn auch leicht ironischen Hinweis gibt.

Das ab 1983 entstandene Langgedicht *FLUSSABWÄRTS* (S.85) und das *BOMBERPILOTENSONETT* (S.96) aus dem Jahr 1984 wurden mit kleinen Veränderungen in der Fassung abgedruckt, in der sie 2006 in der Sammlung *Auf-/Brüche. Gedichte und Prosa* im Wolfgang Hager-Verlag erschienen. Letzteres hatte dort den Titel *GOG UND* MAGOG. Eine erweiterte Fassung des aus dem ursprünglichen Zyklus *Mönche, Hippies und Poeten* eliminierten Gedichts *AHNUNG* (vgl. oben, S.98) beendet unter dem neuen Titel *VERGANGENHEIT UND ZUKUNFT* (S.97) den Band.

Hg.

Nachweise und Übersetzungen

Es wurden vor allem fremdsprachige Sätze und satzwertige Äußerungen ins Deutsche übersetzt; einzelne Begriffe blieben meist unberücksichtigt.

Seite 24 - 26

Als Quellen für das Dokumentargedicht „Amerikanische Propheten" dienten das Interview mit Phil Berrigan in *Der Spiegel*, Nr. 36/1983, S. 117 f., und Jim Forest. *At Play in the Lions' Den. A Biography and Memoir of Daniel Berrigan.* New York 2017.

Seite 30

LET'S GO WEST/FAHREN WIR NACH WESTEN

Seite 38

¡Su pasaporte, por favor!/Ihren Reisepass, bitte!

Seite 41

Usted tiene enlace a …/Sie haben Anschluss nach …

Seite 44

No llores, mi amiga!/Weine nicht, meine Freundin!

Seite 45

I'm a poet/Ich bin ein Dichter

Seite 50

NÃO ÀS ARMAS NUCLEARES EM PORTUGAL/KEINESFALLS ATOMWAFFEN IN
PORTUGAL

Seite 51

Ich wollte dieses Restaurant eher verlassen,
doch der Fado lässt mich heut Abend nicht gehn.

Wovon handeln die seelenversengenden Lieder dieser
Frauen mit den tiefen Stimmen?

Sehnsucht, Sehnsucht

Ach, könnte ich nur Portugiesisch!
Verstünd ich doch nur deine Verse!

Seite 52

e lugar de oração/es ist ein Ort des Gebetes

Seite 53

FELICIDADE INMERECIDA/UNVERDIENTES GLÜCK

Seite 57

Während ich diese Zeilen schreibe
erscheint Sevilla am Horizont

Und platzt auf in
weißgelbblaugrünrotundlilane
Blüten

Und erinnert mich plötzlich an Florida ...
Und weckt jetzt meine Sehnsucht nach Kalifornien ...

Aber dies ist nicht der Bus nach Miami –
wo zwei verliebte Studenten
einem Hurrikan trotzen

Dies ist nicht der Bus nach L.A. –
wo ein armer geschlagener Dichter
vor dem Palast einer Filmdiva wartet
umsonst

Seite 58

Este mundo es el camino
para el otro, qu'es morada
sin pesar ...

Diese Welt ist der Weg
zur anderen, die eine bleibende Wohnung ist
ohne Leid ...

Jorge Manrique

Seite 59-61

What is life? I cried –/Was ist das Leben? schrie ich –

Percy Bysshe Shelley: *The Triumph of Life*

The way things are going ... They're going to crucify me/So wie sich die Dinge entwickeln ... Werden sie mich noch kreuzigen

John Lennon: „The ballad of John and Yoko"

The side that has never been turned into postcards/Die Seite, von der nie eine Postkarte gemacht worden ist

Thomas Merton. *The Asian Journal.* New York 1973, S. 153

Seite 65

God is the Most High/Gott ist der Höchste

Seite 66

Gärten mit Palmen
exotischen, dunkel brennenden Blumen
und zahllosen murmelnden Brunnen
umranken
die mystischen Hallen des Palastes
die Höfe und Säulen und
Ornamente aus dem Orient.

Und überall an den Wänden
arabische Gedichte und Gebete.

103

Es muss ein Traum sein.
Sag mir, wie lange
schlafe ich schon?

Seite 67

RECUERDOS DE L'ALHAMBRA/ERINNERUNGEN AN DIE ALHAMBRA

L'art pour l'art/Kunst um der Kunst willen

Seite 68

EL CASTILLO INTERIOR/DIE INNERE BURG

Seite 71

GERMANY'S MOMENT OF ANGST/DEUTSCHLANDS AUGENBLICK DER ANGST

Seite 72

MYSTERIUM CRUCIS/GEHEIMNIS DES KREUZES

Einige Informationen über den Atombombenabwurf auf Nagasaki stammen aus Paul Glynn. *A Song for Nagasaki*. Hunters Hill, Australia, dt. Illertissen 2016.

Seite 81

Dies ist das Ende
der Reise

der Inspiration

... ich überleg schon seit Stunden,
     was ich dir sagen soll ...

Meine Phantasie ist wie der Sand
an der Costa del Sol

Aber –
brauchen wir wirklich Worte
um uns zu verständigen?

Seite 87

NO FUTURE/KEINE ZUKUNFT

ALL YOU NEED IS LOVE/ALLES, WAS DU BRAUCHST, IST LIEBE

Seite 93

WE CAN WORK IT OUT/WIR KÖNNEN IHN SCHAFFEN

Let's work it out./Schaffen wir ihn.

INHALT

VORWORT   7

MÖNCHE, HIPPIES UND POETEN   9

RUF   11

I

DAS UNVORSTELLBARE   15
GI-BLUES   23
AMERIKANISCHE PROPHETEN   24

II

SS-20   29
AUSZUG   30
DER ABSCHIED   35
STIMMEN DER NACHT   36

III

ANSCHLÜSSE   41
POSTKARTE 1   42
SAN ANTONIO ABAD   43
POSTKARTE 2   44
LISSABONEXPRESS   45

ASSUNÇÃO   47

POSTKARTE 3   48

AM ENDE EUROPAS   49

POSTKARTE 4   51

FÁTIMA   52

FELICIDADE INMERECIDA   53

IV

POSTKARTE 5   57

GAMMLERS NACHTLIED   58

KONTEMPLATION DES TODES   59

DER HEILIGE DICHTER   62

MAHAKARUNA   63

ALHAMBRA   65

POSTKARTE 6   66

RECUERDOS DE L'ALHAMBRA   67

CASTILLO INTERIOR   68

V

GERMANY'S MOMENT OF ANGST   71

MYSTERIUM CRUCIS   72

FEUERGESANG   75

RICHTUNG MEER   77

POSTKARTE 7   81

VERSTREUTE GEDICHTE   83

FLUSSABWÄRTS   85

BOMBERPILOTENSONETT   96

VERGANGENHEIT UND ZUKUNFT   97

EDITORISCHE NOTIZ   98

NACHWEISE UND ÜBERSETZUNGEN   100

Egbert Dörfler

Das poetische Werk

in der *edition darsan*

Band 1

Die Sehnsucht der Sehnsucht der Liebe

Gedichte aus den 70er Jahren

*

Ein Zyklus aus 49 Gedichten, der von der Poplyrik der 60er Jahre inspiriert ist, aber auch den Einfluss amerikanischer Dichter wie Ezra Pound, Thomas Merton und Ernesto Cardenal erkennen lässt. Das krisengeschüttelte, scheinbar autobiographische Ich, wie es in der post-modernen Lyrik der „Neuen Subjektivität" der 70er Jahre verbreitet ist, findet hier jedoch, im Gegensatz zu anderen Ausprägungen dieses Stils, einen Weg in eine neue, tiefere Identität.

*

ISBN: 9783751980982

Taschenbuch (ca. 100 Seiten): 12 €

eBuch: 7.99 €